www.poetryjournals.net

16382752R00071

Made in the USA
Middletown, DE
23 November 2018